Finger spitzen

Axel Burghausen

Fingerspitzen

Kurzgeschichten und Gedichte

© 2021, Axel Burghausen
Herstellung und Verlag: BoD – Books on Demand,
Norderstedt
ISBN: 9783754397060

Die Texte dieses Buches sind im Rahmen eines Online-Seminars Schreiben an der VHS Duisburg entstanden. Da ich jeweils auf die mir gestellten Aufgaben – wenn auch häufig sehr frei – reagiert habe, sind sehr unterschiedliche Texte dabei entstanden, die wahrscheinlich nur in Ansätzen einen persönlichen Stil erkennen lassen. Dennoch hat sich in den zwei Jahren meiner Kursteilnahme einiges entwickelt.

Ich habe mich dazu entschlossen, meine Texte nicht in der Reihenfolge des Entstehens, auch nicht alphabetisch, sondern in loser Form nach Themen geordnet zu präsentieren. Einiges hätte ich auch anders zusammenfügen können.

Die Kurzgeschichten sind alle im Rahmen des Schreibseminars entstanden. Mit dem kurzen Text „SZ 2235A" hatte ich mich zu Beginn vorgestellt. „Weihnachtlicher Monolog" ist eine Kurzfassung meiner „Spiegelgeschichte", die ich mit dem Gedicht „Im Spiegel" bei einer Studioaufführung des VHS-Theaterkurses vorgetragen habe. Der Haiku „Corona" entstand unabhängig von VHS-Aktivitäten.

Ich danke Elke Bockamp (Schreiben) und Marion Bachmann (Schauspiel) für die Kursleitung und ihre jeweiligen Anregungen. Vor allem danke ich Dr.

Claudia Schadt-Krämer für die Begleitung meiner Bemühungen, die technische Hilfe und ihre Mitarbeit bei der optischen Gestaltung meines Buches. Das Titelbild entwarf Marthe Herchert, der ich ebenfalls herzlich danke.

Eingang

SZ2235 A

Ich drücke die Klinke. Ich zögere noch. Dann schiebe ich die Tür auf. Zögerlich, doch unwiderruflich. Noch ist niemand da. Ein heller Raum, Da sind Tische, da sind Stühle. Ich setze mich. Ich warte. Gelegentlich blicke ich auf die Tafel. Steht dort eine Tafel? Ich fühle mich verunsichert: der falsche Raum, die falsche Zeit? Ist der Kurs abgesagt worden? Das müsste ich doch wissen. Warum erscheint nicht wenigstens die Kursleiterin?

Ich sitze in einem Raum ohne Kursleiterin, ohne Teilnehmer, allein, auf einem Stuhl mit Lehne. Doch kann ich mich hier zurücklehnen? Ich sitze in einem Kursraum ohne Kurs. Spreche ich mit mir selber? Sehe ich mich selber? Ist da ein Spiegel?

Ich sitze nicht in einem Raum und schaue nicht auf eine Tafel. Es gibt keinen Kurs, es gibt keine Kursleiterin. Sie ist digital, ich kann sie anstellen und abstellen, ich kann mit ihr reden, ohne dass sie existiert. Existiere ich? Bin ich nur das, was ich hier eintippe? Bin ich auch nur digital? Ich bin doch analog, oder?

Im Spiegel

Der Spiegel

spiegelt

das Bild

ins Spiegel-

bild

Doch wo

stecke

ich

Spiegelgeschichte

Könnte es der Spiegel gewesen sein?

Zwei Tage vor Weihnachten kam Oma. Sie bat mich, einen Baum zu kaufen, und gab mir eine Liste von Lebensmitteln, die ich besorgen sollte. Ich beeilte mich, ihre Wünsche zu erfüllen.

Bei meinen Nachbarn erbettelte ich mir einen alten Ständer und Baumschmuck. Eine Lichterkette hatte ich nicht mehr. Sehr geschickt bin ich nicht: Unser Weihnachtsbaum stand krumm und schief, doch er stand.

In der Zwischenzeit arbeitete Oma konzentriert in der Küche. Manchmal half ich ihr.

Natürlich habe ich mich gewundert. Oma ist seit 42 Jahren tot. Ich hätte wohl fragen sollen, wo sie herkam, aber sie trat so selbstverständlich auf, dass ich nicht dazu kam. Es war ja auch noch so viel zu tun.

Am Heiligen Abend saßen wir an dem großen Esstisch im Wohnzimmer. Im Hintergrund ertönte leise Weihnachtsmusik von einer CD und wir stießen mit Sekt an. Wir aßen die Vorspeise, Karpfensuppe, pikant gewürzt und mit Backerbsen bestreut. Ich erinnere mich, dass ich mich als Kind an diesen Fisch, der traditionell in unserer Familie nur zu Weihnachten gegessen wurde, erst gewöhnen musste. Heute gehört er für mich dazu. In den letzten Jahren hatte ich einen mir bekannten Koch gebeten, den Karpfen und die Suppe für mich zuzubereiten. Aber jetzt war ja Oma da.

Während ich noch etwas nachnahm, holte sie schon die panierten Fischstücke und den warmen Kartoffelsalat. Wir konnten jetzt in Ruhe miteinander essen und uns unterhalten. Oma erzählte von ihrer Jugend in Siebenbürgen, von ihrer Hochzeit mit Opa und der Geburt ihrer Tochter, meiner Mutter, dem gemeinsamen Leben und dem Haus in der Bukowina, von Krieg, Vertreibung und Flucht, dem Wiederaufbau in Duisburg, von vergangenen Weihnachtsfeiern, aber z.B. auch von ihrer Diamantenen Hochzeit, die gefeiert wurde, als ich noch zur Schule ging. So viel auf einmal hatte sie noch nie erzählt. Vielleicht lag das daran, dass wir nur zu zweit am Tisch saßen. Immer wieder versuchte ich zu fragen: Wo kommst du her? Und wie? Und warum? Wie ist es dort? Wie geht es dir? Was ist mit den anderen Toten der Familie? Warum bist du allein gekommen? Und nie bekam ich eine Antwort. Sie wurde mir nicht verweigert, sondern Oma nahm meine Fragen überhaupt nicht wahr. Sie sprach nur über die Vergangenheit der Familie. Auch für mein jetziges Leben schien sie sich nicht zu interessieren.

Nach dem ersten Hauptgang las ich die Weihnachtsgeschichte vor. Anschließend war Bescherung.

Ich hatte ihr in aller Eile ein Fotobuch mit Familienbildern zusammengestellt. Sie freute sich sehr und gab mir einen vorsichtigen Kuss auf die Wange. Ich bin jetzt ja nicht mehr das kleine Kind, allerdings bleibe ich wohl immer „der Kleine". Mein Geschenk, so sagte sie, sei das Essen. Und in der Tat hätte sie mir nichts Schöneres geben können. Denn die Erinnerung an die Familie, auch wenn schon alle tot sind, geht durch den Magen.

Und meine Vorfreude auf den zweiten Hauptgang war groß: Galuschti, rumänische Krautwickel, hatte ich seit Jahren schon nicht gegessen. Locker und saftig, scharf gewürzt, waren sie ein wahrer Leckerbissen, der zu unserer Familie gehörte und den ich sehr vermisst hatte.

Gemeinsam sangen wir „Stille Nacht, heilige Nacht". Zum Nachtisch gab es, natürlich wie immer, Apfelstrudel. Oma nahm nur noch ein kleines Stück, denn sie war schon sehr satt. Während ich weiter aß, ging sie schon in die Küche, um abzuwaschen. Ich hörte das Klappern des Geschirrs. Zwar habe ich einen Geschirrspüler, aber den kannte Oma noch nicht.

Als ich mit meinem Strudel-Stück fertig war, brachte ich meinen Teller in die Küche. Oma war nicht mehr da. Das Fotoalbum lag noch im Wohnzimmer. Sie hatte es nicht mitgenommen.

Es muss der Spiegel gewesen sein. Ich habe gelesen, dass er der Zugang zu anderen Welten ist. Ich stehe jetzt davor. Aber ich sehe nur mich.

Soll ich es wagen hindurch zu schreiten? Vielleicht finde ich mich in einer weiten, sonnigen Ebene wieder, vielleicht aber auch auf einer staubigen Straße. Wen treffe ich? Werde ich erwartet? Ich denke an meine Schwester, die ich nie kennengelernt habe. Wie hätte sie sich wohl entwickelt. Ich denke an Oma und Opa, innerhalb einer Woche gestorben, an meinen Vater, schon 34 Jahre tot, meinen älteren Bruder, jetzt schon fast 20 Jahre, Herzinfarkt. Vor fünf Jahren starb dann auch meine Mutter.

Vermisse ich sie alle? Fühle ich mich einsam? Fehlt mir etwas? Manchmal vielleicht schon. Die Möglichkeit zum Austausch, auch nur zu erzählen, was ich erlebt habe, das Gefühl, dass jemand da ist, die Nähe.

Ich denke aber auch an meine Freunde und vor allem meine Schüler. Als ich einmal von meiner Familiengeschichte erzählte, sagte eine Schülerin: „Herr B., wir sind jetzt Ihre Familie."

Ich stehe vor dem Spiegel und sehe mich an. Heute bleibe ich hier.

Weihnachtlicher Monolog   (*gekürzte Fassung der "Spiegelgeschichte"*)

Zwei Tage vor Weihnachten kam Oma. Sie bat mich, einen Baum zu kaufen, und gab mir eine Liste von Lebensmitteln, die ich besorgen sollte. Ich beeilte mich, ihre Wünsche zu erfüllen.

Bei meinen Nachbarn erbettelte ich mir einen alten Ständer und Baumschmuck. Eine Lichterkette hatte ich nicht mehr. Sehr geschickt bin ich nicht: Unser Weihnachtsbaum stand krumm und schief, doch er stand.

Oma arbeitete konzentriert in der Küche. Manchmal half ich ihr.

Natürlich habe ich mich gewundert. Oma ist seit 42 Jahren tot. Ich hätte wohl fragen sollen, wo sie herkam, aber sie trat so selbstverständlich auf, dass ich nicht dazu kam. Es war ja auch noch so viel zu tun.

Am Heiligen Abend saßen wir an dem großen Esstisch im Wohnzimmer und aßen Karpfen. Als Kind mochte ich diesen Fisch, der in unserer Familie nur zu Weihnachten gegessen wurde, nicht gerne. Heute gehört er für mich dazu. In den letzten Jahren hatte ich einen mir bekannten Koch gebeten, den Karpfen für mich zuzubereiten. Aber jetzt war ja Oma da.

Während des Essens unterhielten wir uns. Oma erzählte von ihrem Leben und der Familie, von vielem, was vor meiner Geburt geschehen war, Krieg, Vertreibung, Wiederaufbau, und von dem, was ich miterlebt hatte, bis hin zu ihrer Diamantenen Hochzeit. So viel auf einmal hatte sie noch nie erzählt. Vielleicht lag das daran, dass wir nur zu zweit am Tisch saßen. Immer wieder versuchte ich zu fragen: Wo kommst du her? Was ist mit den anderen Toten der Familie? Warum bist du allein gekommen? Und nie bekam ich eine Antwort. Oma weigerte sich nicht zu antworten, sie nahm meine Fragen überhaupt nicht wahr. Sie sprach nur über die Vergangenheit. Auch für mein jetziges Leben schien sie sich nicht zu interessieren.

Wir aßen noch Galuschti, rumänische Krautwickel, ein Gericht, das ich sehr mag und seit Jahren nicht mehr gegessen hatte, und als Nachtisch Apfelstrudel. Dazwischen kam die Bescherung.

Ich hatte ihr in aller Eile ein Fotobuch mit Familienbildern zusammengestellt. Sie freute sich sehr und gab mir einen vorsichtigen Kuss auf die Wange. Ich bin jetzt ja nicht mehr das kleine Kind, allerdings bleibe ich wohl immer „der Kleine". Mein Geschenk, so sagte sie, sei das Essen. Und in der Tat hätte sie mir nichts Schöneres geben können. Denn die Erinnerung an die Familie, auch wenn schon alle tot sind, geht durch den Magen.

Während ich den Apfelstrudel aß, ging sie schon in die Küche, um abzuwaschen. Ich hörte das Klappern des Geschirrs. Als ich in die Küche kam, war Oma nicht mehr da. Ich konnte sie nirgends mehr finden. Das Fotoalbum lag noch im Wohnzimmer. Sie hatte es nicht mitgenommen.

Es muss der Spiegel gewesen sein. Ich habe gelesen, dass man durch ihn hindurch zu anderen Welten kommt. Aber ich sehe nur mich.

Soll ich es wagen hindurch zu schreiten? Vielleicht finde ich mich in einer weiten, sonnigen Ebene wieder, vielleicht aber auch auf einer staubigen Straße. Werde ich dort erwartet?

Ich denke an meine Schwester, die ich nie kennengelernt habe. Wie hätte sie sich wohl entwickelt. Ich denke an Oma und Opa, innerhalb einer Woche gestorben, an meinen Vater, auch schon lange tot, meinen älteren Bruder, Herzinfarkt vor fast 20 Jahren.

Vor fünf Jahren starb dann auch meine Mutter.

Fehlt mir etwas? Fühle ich mich einsam? Manchmal vielleicht schon. Die Möglichkeit zum Austausch, zu erzählen, was ich erlebt habe, das Gefühl, dass jemand da ist, die Nähe.

Ich denke aber auch an meine Freunde und vor allem meine Schüler. Eine Schülerin sagte einmal: „Herr B., wir sind jetzt Ihre Familie."

Heute bleibe ich hier.

Tee-Zeit

Fernsehen? Fern sehen - fern und nah. Ich sitze an einem Tisch in meiner Küche und trinke Tee. Feste Gewohnheiten sind für mich das Rückgrat des täglichen Lebens. Wenn ich am Nachmittag zu Hause bin, genieße ich um 15 Uhr meinen Tee. Manchmal unterbreche ich damit meine Arbeit, oft auch meine Nicht-Arbeit, mache sozusagen eine Pause von der Pause.

Ich sitze vor einem Fenster und sehe in meinen Garten oder genauer: über meinen Garten hinweg. Natürlich kann ich mich aufrichten, dann sehe ich mehr, zum Beispiel den Rasen, der in den letzten Jahren gehegt und gepflegt wurde und – trotz der Dürre – immer dichter wird. Oder meinen Teich, auf den ich stolz bin. Auch wenn ich meinen Stuhl nach rechts oder links rücke, verändert sich mein Ausschnitt und damit auch meine Aufmerksamkeit. Was im Fernsehen die Kamera leistet, die sich bewegt, sich dreht oder zoomt, das leiste ich, am Fenster sitzend, selbst. Ich mache mein eigenes Programm, der Garten bleibt, was er ist. Dann richte ich meinen Blick wieder weg von diesem Bild und konzentriere mich nur auf den Tee und seinen Geschmack. Auch meine Gedanken schweifen von nah zu fern, von fern zu nah.

Und wieder lasse ich meine Augen über meinen Garten wandern, im Grunde nur über den oberen Teil, dann über die Mauer hinweg in den Nachbargarten und auch darüber hinaus zu weiteren, teilweise modernen Gebäuden. Die Begrenzung meines Bildes durch den Fensterrahmen wird in der Tiefe ergänzt durch die Rückfassaden dieser Gebäude, die schon an der nächsten Straße stehen. So sehe ich gleichsam fern in 3D, und was der Fernseher nur als technische Illusion bietet, denn sein Bildschirm hat ja keine Tiefe, das ist für mich echt.

Ich überlege, ob der Vergleich mit dem Fernseher wirklich trifft oder ob es sich eher um eine Art Gemälde handelt, denn es bleibt ja immer derselbe Blick. Menschen sehe ich im Augenblick nicht, es gibt keine Handlung. So wird mein Betrachten sehr schnell zum Nachsinnen darüber, wie unveränderlich pflanzliche und menschliche Natur eigentlich sind.

Die Konifere am rechten Rand meines Ausschnitts ragt wie ein Phallus empor, fest und stabil, dennoch auch porös. Ihre Nadeln werden durch den heftigen

Wind energisch durcheinandergewirbelt, auch die Pflanze als Ganze muss sich neigen, richtet sich aber wieder auf. Die große Eibe, die vor einem Anbau steht und ihn inzwischen fast verdeckt, wird vom Wind hin und her gerüttelt. Fast habe ich den Eindruck, sie schunkelt. Von meinem Sitz sehe ich nur etwa ein Drittel des Baumes, aber das genügt mir zu sehen, wie heftig es bläst. Manche Kräfte des Lebens sieht man eben nicht direkt, man kann sie nur an ihren Wirkungen erkennen.

Auf dem Nachbargrundstück steht ein Ahorn, dessen dunkle Äste und Zweige sich majestätisch, fast unheimlich, vor dem helleren Hintergrund abheben. Vor allem in der Dämmerung erinnert mich der Baum an ein frühes Gemälde von Piet Mondrian. Aber auch jetzt nimmt er meine Aufmerksamkeit gefangen. So sehr dominiert er das Blickfeld, dass der vor ihm stehende abgestorbene Baum kaum auffällt. Für mein Auge übernimmt er gleichsam das Geäst des anderen. Wir Nachbarn haben diesen toten Baum längst als Risiko erkannt, doch der Besitzer des Grundstücks lässt ihn ungerührt stehen. Bisher hat er so noch alle Stürme überstanden, aber es ist eine Vernichtung auf Zeit.

Die beiden Bäume sind mir ein Sinnbild für Beharrung und Veränderung. Der eine steht fest in seiner vollen Lebenskraft, er wächst und blüht, der andere hat seine Kraft längst verloren und rührt sich doch nicht von der Stelle. Ich frage mich, ob ich bei Wahlen besser die älteren Politiker mit Stehvermögen, aber ohne neue Ideen, oder die kreativen, aber unerfahrenen jungen wählen soll. Es beunruhigt mich, noch keine klare Antwort gefunden zu haben.

Der Garten, in dem diese Bäume standen, war lange Zeit ungepflegt und heruntergekommen. Seit einiger Zeit betätigt sich die neue Freundin des Verwalters damit, aufzuräumen und neu anzupflanzen. Ich wundere mich darüber, welche Bedeutung Frauen im Leben unordentlicher Männer haben können. Auch mein Blick wird sich wandeln. Die Natur handelt nicht mehr, wie sie will, ungeordnet und verstörend, sie wird zivilisiert werden. Ich bin gespannt.

Ich denke an die Bilder von Caspar David Friedrich. Der kleine, einsame, vergängliche Mensch steht vor der unendlichen Natur. Aber habe ich nicht selbst miterlebt, wie Pflanzen oder Bäume eingegangen sind? Habe ich nicht erlebt, wie andere neu angepflanzt wurden und begannen zu wachsen?

Vielleicht würden die Gewächse meines Gartens davon sprechen, wie vergänglich sie sind und wie gleichsam unveränderlich der Mensch, der sich an ihnen erfreut. Ich stelle mir vor, dass mich mein Garten neidisch betrachtet. Für einen Augenblick senke ich den Blick.

Alles fließt, das ist schon richtig, aber vieles verändert sich so langsam, dass man es kaum bemerkt. So sind Beharrung und Veränderung immer gleichzeitig gegenwärtig. Wenn ich morgen wieder meinen Tee trinke, wird alles anders sein, nur merke ich das nicht.

Ich räume meine Tasse beiseite.

Zwei Stück Zucker

Gelb, rot, fast alle Schattierungen, bunter kann ein Pullover nicht sein. Angestrahlt von den zu grellen Lampen drängen sich die Farben auf. Lustig, voller Lebensmut – und dennoch aufdringlich. Wann war noch einmal die Universiade? 88, 89, 90? Die hatte auch so ein buntes Emblem. Wie ein Regenbogen. Will er wirklich so auf sich aufmerksam machen?

Das graue Haar, schon etwas spärlich, passt nicht recht dazu. Auch das farblose Gesicht mit der Brille über den müden Augen. Zupfend spielen seine Finger am Pullover herum. Irgendwie nervös. Lustlos rührt er in seinem Kaffee. Den Kuchen hat er noch nicht probiert. Heidelbeer-Sahneschnitte. Die schmeckt doch immer ganz gut. Er wirkt fahrig, fühlt sich wohl beobachtet. Oder erwartet er jemanden?

Grelle Kleidung, grauer Inhalt. Lehrer. Lateinlehrer würde passen. Oder Finanzbeamter. Zurückhaltend, mehr der nachdenkliche Typ. Einer, der still am Tisch sitzt und seinen Kuchen isst. Wenn er das denn endlich tun würde. Es fehlt noch die Zeitung. Oder ein Buch. Dann ist er von allem abgeschottet. Die Farbtupfer, die ins Auge springen, bleiben ein

Kontrast. Wie ein Versprechen, dass da noch mehr ist. Aber mehr als dieses Versprechen ist nicht zu erkennen.

Ein leichter Luftzug, die Tür öffnet sich. Eine junge Frau, vielleicht 20 oder 25, das ist immer schwer zu sagen. Sportklamotten, Jeans, frecher Kurzschnitt ihres blonden Haares. Sie bestellt an der Theke, steuert dann forsch auf den Mann zu. Nein, die beiden passen wirklich nicht zusammen. Tatsächlich geht sie vorbei, steuert einen leeren Tisch an. Sie hat ihm kurz zugelächelt, mehr war da nicht. Dennoch hat sich etwas verändert. In seinen Augenwinkeln beobachtet er die neue Nachbarin. Er isst jetzt auch von seiner Torte, verbirgt damit den Blick zur Seite. Jonglierkunst, denn er schaut nicht auf das Stück, das er sich in den Mund schiebt. Prompt muss er sich die Sahne vom Pullover reiben. Leichte Röte im Gesicht erzwingt einen weiteren Farbtupfer. Sein Kaffee scheint ihm nicht zu schmecken.

„Kann ich noch zwei Stück Zucker haben", rufe ich und wende erst einmal meinen Blick vom Spiegel ab.

Pythi

Pythi steht vor mir und entgegnet meinen Blick. Langsam werde ich ruhiger, meine Worte verlieren die anfängliche Hast, auch der Druck im Magen lässt nach. Unbeweglich, immer konzentriert, ohne abgelenkt zu werden, hört Pythi zu.

Ich habe ihr von meiner Arbeit erzählt, jetzt seit elf Wochen. Eigentlich war ich froh, diese Stelle zu bekommen, es war ein Aufstieg. Aber von Anfang an hatte ich ein blödes Gefühl bei meinem Chef. Wenn jemand lospoltert, ziehe ich mich in mich zusammen und bleibe starr. Statt zu entgegnen, erleide ich nur stumm. Natürlich mache ich noch Fehler bei meiner Arbeit, aber ich bin schlechter und nicht besser geworden, innerlich immer bereit, die kritisierende Flut über mich ergehen zu lassen. Erst sehe ich seine Augen, die, zunächst neutral, immer unwilliger werden. Langsam schwillt dann die Farbe in seinem Gesicht an, das wie in einem Fischauge immer größer und größer wird, die Adern unheilvoll pochend. Schließlich öffnet sich der Mund, und während ich die Worte gar nicht mehr wahrnehme, nur den abgehetzten Klang, das Trommelfeuer der Vorwürfe, werde ich immer kleiner und werde von dem riesengroßen Mund aufgesogen, verschwinde ganz in ihm und gleich wird er mich zerbeißen …

Pythi steht auf meinem Schreibtisch und hört mir zu. Sie ist ein Waran, man erkennt es leicht, wenn man es weiß. Der Körper in einem kräftigen Grün gehäkelt, die Farben rot, weiß und schwarz markieren Gesicht und Füße – und die gespaltene Zunge. Als ich sie bekam, fiel mein Blick auf ihr wissendes, weises Gesicht. Deshalb nannte ich den Waran Pythi, nach der Seherin Pythia in Delphi. Christine hatte sie selbst gemacht und mir damals, vor Jahren, zum Geburtstag geschenkt. Sie war meine liebste Kommilitonin, immer freundlich, lebensbejahend, Mittelpunkt einer ganzen Clique, Ratgeberin für jeden, der sie brauchte. Jetzt haben wir uns lange aus den Augen verloren, Pythi aber ist immer noch bei mir.

Und es kommt Bewegung in die Szene. Erst sehr langsam und tastend, dann immer schneller und wieder langsamer werdend bewegt sich der Waran voran. Je langsamer er wird, umso mehr Entfernung überbrückt er. Eingehüllt in eine Wolke aufgeworfenen Staubes steht er vor Herrn Donner, meinem Chef. Erstaunt nehme ich wahr: Mein 20 cm langes Stofftier wird größer und größer, mein Chef gleichzeitig versinkt in Winzigkeit. Wie gelähmt nimmt er wahr, wie der Waran sein riesiges Maul aufreißt, bereit, ihn mit seinen Zähnen zu zerreißen.

Als ich erwache, fühle ich mich so ausgeruht wie seit Tagen nicht mehr. Mein kleiner Drache steht vor mir und betrachtet mich ruhig und sorgsam. Ich weiß jetzt, was ich zu tun habe.

Innenwelt der Außenwelt

Er war es nicht mehr gewohnt, barfuß zu laufen. Wie lange war das jetzt, zwei, drei, vier Jahre? Behutsam, fast schüchtern, begegnen seine Füße dem Sand. Dem lockeren, warmen Sand. Erleichtert atmet er auf, es ist noch nicht unerträglich heiß. Und etwas unsicher, da seine Füße ohne Einlagen laufen, sucht er sich eine freie Stelle.

Wie nennt sich das heute? Chillen? Hat er das jemals vermocht? Eigentlich möchte er immer etwas zu tun haben, sich beschäftigen. Von hundert auf null zu fallen, kann zum Problem werden. Urlaub? Auch da macht er sich sein Programm.

Jetzt liegt auch sein Badetuch. Schmunzelnd denkt er daran, wie sehr auch er immer darauf aus ist, seinen Platz zu reservieren. Da bin ich und niemand anders. Eingecremt hat er sich schon zuvor. Er möchte kein Risiko eingehen. Vor der Sonne hat er etwas Angst, zumal hier weit und breit kein Schatten ist. Erfrischend ist diese leichte Brise, die jetzt seine Haut streichelt, je mehr er von seiner Kleidung ablegt. Aber leicht kann man dabei vergessen, wie stark die Sonne verbrennt. Er darf nicht zu lange bleiben. Doch jetzt ist er erst einmal da. Erleichtert streckt er sich aus. Der warme

Untergrund und der kühlende Windhauch wiegen ihn in eine angenehme Ruhe. Hier lässt es sich tatsächlich liegen.

Er schließt die Augen und saugt die Geräusche in sich ein: das regelmäßige Brechen der Wellen, das Schreien der Möwen. Ich bin wirklich am Meer, denkt er. Und da sind die anderen Hintergrundgeräusche: Gesprächsfetzen der Vorbeilaufenden, Freuden- schreie spielender Kinder, Rufe nach den Kindern. Von ferne hört er noch vorbeifahrende oder anfah- rende Autos.

Als er seine Umgebung fast vergessen hat, trifft ihn spritzender Sand. Ein Gummiball ist neben ihm eingeschlagen. Ein vielleicht zehnjähriger Junge flitzt heran und läuft mit dem Ball weg. Entschuldigt hat er sich nicht. Erst irritiert und unwillig, dann leise lächelnd blickt der Liegende ihm nach.

Er schaut sich um, beobachtet die Kinder, immer in Bewegung mit ihrem Ball. Manchmal scheinen sie ihn zu kontrollieren, dann wieder verliert er seine Richtung. Der unebene Sand spielt als Gegner jeglicher Technik mit. Und dennoch hört das begeisterte Rufen und Juchzen nicht auf. Gerade weil der Ball keinen erkennbaren Gesetzen folgt, wird das

Spiel immer neu. Kaum wird deutlich, dass die Zeit vergeht.

War er jemals auch so? Nein, er war viel ruhiger, hat eher gelesen als gespielt. Im Grunde hatte er auch Angst vor anderen Kindern, jedenfalls fremden. Ein Anschluss war da nicht so leicht möglich. Aber an manche Situationen seines frühen Lebens kann er sich kaum noch erinnern. In Ausschnitten schon. Aber was bedeutete für ihn Spielen? Er war gerne am Strand, auch schon, bevor er schwimmen lernte, aber warum? Einige Situationen, wenige, sind im Fotoalbum festgehalten. Berühmt geworden ist das Bild des nackten Knaben, der mit einem Eimerchen als Kopfbedeckung herumlief. Er soll in diesen Eimer auch gepinkelt und ihn dann auf den Kopf gesetzt haben. Ganz schön verrückt. Wirklich erinnern kann er sich an all das nicht mehr.

Und er denkt darüber nach, ob er noch einmal Kind sein möchte. Ganz bei sich, ganz dem Augenblick hingegeben, ohne alle Scheu. Doch schnell befällt ihn der Verdacht, dass dieses Bild der Kindheit reine Projektion ist. Kinder haben eine andere Scheu, andere, aber sehr intensive Formen von Druck und Enttäuschung. Aber auch, wenn es anders wäre: Der

Weg zurück ist nicht möglich, das zeigen schon seine Gedanken. Und im Grunde ist gut, was aus ihm geworden ist.

Er steht auf, um gegen die Wellen anzuschwimmen.

Ein Vater

Prüfend sucht er den Himmel ab. Ein, zwei Wolken…
Nein, es wird heute nicht mehr regnen.

Max, sein Sohn, schiebt inzwischen das Fahrrad. Die
aufleuchtenden Augen, die Freudenröte im Gesicht,
als der Kleine das unverhoffte Geschenk
wahrgenommen hatte, sie sind einer ängstlichen
Blässe gewichen. Wie im Vorfeld einer Prüfung, denkt
sein Vater.

Sorgfältig stellt er die Sattelhöhe ein, erklärt Max die
Handgriffe, weiß nicht, ob seine Worte ankommen
oder von seinem Sohn abperlen. Er erklärt alles noch
einmal. Warum ist sein Sohn nur immer so
ungeschickt, gleichsam mit zwei linken Händen?-

„Ja, Frau Bender, meine Frau hat die Nachricht
erhalten. Sie wird sich bei Ihnen melden." Wenn Elli
noch länger damit wartet, wird noch über die Familie
geredet. Seine Frau ist immer so umständlich. Warum
konnte sein Sohn nicht mehr nach ihm ...?

„Ich halte das Rad fest, und du beginnst zu treten. Du
musst nur das Gleichgewicht halten, je schneller du
fährst, um so leichter ist es." Nur zögernd, fast
widerwillig, gerät Max in so etwas wie Bewegung.

Hinter der Gardine sieht der Vater den Schatten von Herrn Kern. Der redet ständig davon, was er seinen Kindern alles möglich macht. Jetzt wird er aber staunen. Das Fahrrad ist ein Qualitätsmodell, hat der Verkäufer gesagt. Niemand kann behaupten, dass für Max nicht genügend Geld da ist.

„Jetzt wackel doch nicht so. Du musst beherzter treten. Mach doch schon, so schwer kann das doch nicht sein."

Wenn Elli ihn nicht so umzärteln würde, wäre alles viel einfacher. Mit dem Fahrradkauf war sie sofort einverstanden, aber jetzt hat sie ihn fast nicht auf die Straße gelassen. Wenn es nach ihr gehen würde, müssten sie warten, bis er 18 wird. Man kann seinen Sohn aber auch in zu viel Watte packen.

„Aber ja, Erich, der Skat-Abend findet diesmal bei mir statt." Das Bier muss er heute noch besorgen.

„Nicht wackeln, treten, nach vorne schauen, nicht kipp... Was machst du, das schöne Fahrrad." Hat das jemand gesehen? „Das bisschen Blut ist doch nicht der Rede wert."

Und jetzt alles noch mal von vorne.

Martha

Eilig räumte sie ihren Teller und das Messer beiseite. Ihr Blick suchte die Küche ab und fiel auf den Stapel neben der Spüle. Das schmutzige Geschirr verringerte ihre Lust, sich damit zu beschäftigen. Morgen, dachte sie. Dabei war noch so viel Zeit bis zum Abendprogramm.

Ihre Hand tastete den linken Unterschenkel ab. Die Erhebung war noch da. Ihre Venenentzündung hatte sie schon am Vormittag festgestellt. Sie ließ sich ja auch nicht einfach wegzaubern, zu verbraucht waren ihre Beine. Die Krampfadern waren seit langem deutlich zu sehen, aber auch so wäre sie nicht mehr ins Schwimmbad gegangen. Was hatte sie noch in der Apothekenzeitung gelesen: Eine Venenentzündung könne auch zu einer Thrombose und diese zu einer Embolie führen. Blut dringe dann in die Lunge, und dann sei es aus. Der Gedanke beunruhigte sie. Wie mag man sich fühlen, wenn man plötzlich nicht mehr da ist? Tatsächlich war ihr schon ganz schwindelig. Vielleicht hätte sie ja doch zum Arzt gehen sollen. Jetzt war es dafür natürlich zu spät.

Hatte sie etwas im Leben verpasst? Nachdem sie wieder die schmutzigen Teller betrachtet hatte, öffnete sie wie abwesend die Tür zum Kühlschrank – und stand ratlos vor ihren letzten Einkäufen. Sie nahm noch schnell ein Stück Käse in den Mund, bevor sie die Tür wieder schloss.

Bestimmt würde ihren Nachbarn etwas fehlen, wenn sie sie nicht mehr sähen. Sie dachte an Eugen, den sie damals doch nicht geheiratet hatte, er nahm sich Ingeborg, dieses Plappermaul. Ist ihr nicht selber peinlich, wie sie über andere herzieht? Typisch, die fühlt sich natürlich pudelwohl. Ihr würde sie schon eher gönnen -, aber so etwas denkt man ja nicht.

Als sie ins Wohnzimmer ging, dachte sie ohne Begeisterung an die ewige Seligkeit. Das grelle, kalte Flackern der Neonröhren erleuchtete den Raum. Oder die Hölle? Sie hatte schon öfter ihre Situation falsch eingeschätzt. Als Kind hatte sie sich einmal den Daumen verbrannt. Nur mit Mühe konnte ihre Mutter sie beruhigen. Vielleicht ist es ja gut, jemanden zu haben, den man beruhigen kann. Wirklich vorstellen konnte sie sich die Hölle jedenfalls nicht. Sie knipste die Röhren wieder aus und die Stehlampe an.

Dann setzte sie sich zum Fernseher. Noch gab es kein vernünftiges Programm, nur Werbung. Sie muss daran denken, dass sie Ingeborg morgen zum Geburtstag gratuliert. Die legt Wert darauf.

Ellen

Die Erlaubnis kam vorige Woche. Sie hatte schon fast nicht mehr damit gerechnet. Nach dem ersten inneren Jubelsprung atmete sie tief durch, packte ihre Sachen und ging zum Training.

Beim BC spielt Fred, ein Superstürmer. Mit ihm in einer Mannschaft. Ihr alter Trainer hatte gesagt, sie sei zu gut für die Frauen, sie brauche die Herausforderung. Deshalb solle sie bei den Jungs spielen. Schnell war sie, hatte ein gutes Auge, war eine quirlige Spielerin, und einen Bums hatte sie auch. Der BC war bereit gewesen, sie aufzunehmen. Mit 16 ging das eigentlich nicht mehr. Deshalb hatte sie warten müssen.

„… begrüßen dich herzlich …", ein paar freundliche Worte vom Trainer. Die Gesichter der Spieler ratlos, reserviert, ungeduldig. Sie vermieden es, sie anzuschauen. Als sie zur Umkleide ging, hörte sie, dass jemand auf den Boden spuckte. Sie drehte sich um, Fred grinste. Umkleide und Dusche, behelfsmäßig war ihr ein kleiner Raum eingerichtet worden. Sehr entgegenkommend, und dennoch abgekapselt, allein. Und das blieb auch auf dem

Rasen so. Sie bewegte sich, bot sich an, bekam aber kaum einen Ball.

Beim nächsten Training hatte sie den Eindruck, so schlecht wie nie zu sein. Ist sie bei den Jungs doch an der falschen Stelle? Lustlos packte sie ihre Klamotten wieder ein.

Am Sonntag war Pokalspiel, ein schweres Spiel. Der Gegner war für seine Abwehr und gefährliche Konter bekannt. Der Trainer sprach in der Kabine anfeuernde Worte, die Spieler rannten auf den Platz, sie blieb auf der Bank. Ein unachtsamer Moment, und der BC lag 0:1 hinten. Kein schöner Anfang, Scheiße! Und sie muss auf der Bank sitzen, obwohl sie Hunderte Ameisen in ihrer Hose spürt, die sie auf den Platz treiben. Das Spiel verlief zäh, kein Schwung darin. In der 38. Minute endlich eine Chance, Fred kommt im Strafraum an den Ball und – wird umgenietet. Elfmeter! Er nimmt sich den Ball, läuft an, schießt … gehalten. Das kann doch nicht wahr sein. So was macht er doch sonst mit links.

Ratlose Spieler warfen sich verschwitzt auf die Bänke. Hier beißen wir uns die Zähne aus. Beruhigende Worte des Trainers, der die Fehler aufzeigt und Mut macht. Sie soll sich warm machen. Während das

Spiel weitergeht, trabt sie auf der Aschenbahn, macht gymnastische Übungen und wartet. In der 69. Minute darf sie hinein. Jetzt hängt es von mir ab, denkt sie, und rennt schon mit dem Ball die Linie entlang. Tatsächlich wird das Spiel flüssiger, immer mehr Angriffe erreichen den gegnerischen Sprachraum. Sie flankt, Fred nimmt den Ball im Drehen an, 1:1 in der 78. Minute. Die Mannschaft jubelt, die sich umarmende Masse nimmt sie auf.

86. Minute. Der lange Tim steigt hoch, bereit einzuköpfen, er wird unterlaufen. Pfiff! Die Spieler schauen sich ratlos an. Fred nimmt den Ball, gibt ihn ihr in die Hand, lächelt.

Sie legt ihn auf den Punkt, fixiert den Ball und ihr Ziel, die rechte Ecke. Sie läuft an.

Begegnungen

Auch eine Fortbildung

„Wie geht es dir, Klaus, es ist nett, dich hier zu treffen. Wie fandest du den Vortrag?" - - -
Die junge Kollegin setzte sich ihm gegenüber. Auch er möchte gerne über das Gehörte sprechen, doch nun schaut er verunsichert von seinem Salat auf. Wer ist das nur? Er hat sie schon im Vortragsraum sitzen sehen. Aber kennt er sie? Immer wieder passiert es ihm, dass scheinbar Fremde ihn ansprechen, und das sogar mit Namen, während er sich nicht an sie erinnern kann. Er versucht, ein möglichst wissendes Gesicht zu machen und möglichst neutral auf die gestellten Fragen zu antworten. Seine Schwäche ist ihm peinlich.

Sie spricht von Münster, dem Studium und der Referendarszeit, sie erwähnt gemeinsame Bekannte, zu denen sie noch Kontakt hat oder auch nicht, und langsam beginnt er sie einzuordnen. So unauffällig wie möglich tastet er mit seinen Augen ihr Gesicht ab. Nur langsam schärft sich sein Bild der Erinnerung. Die Nase. Da ist ein kleines, aber sichtbares Loch auf dem Nasenrücken. Das kennt er: Bärbel. - Er wird ihren Namen unauffällig ins Gespräch einfließen lassen und so tun, als hätte er sie gleich erkannt.

Während des Gespräches, über die Fortbildung, den Lehrerberuf, beim Löffeln der Hühnersuppe kommt ihm immer deutlicher eine Szene vor Augen: Er steht mit Bärbel im Flur des Instituts. Lange hat er sich vorgenommen, ihr zu gestehen, dass er sich zu ihr hingezogen fühlt, dass er in sie verliebt ist. Zwei Wochen zuvor hatte er ihr sogar mit anderen Freunden beim Tapezieren ihres Zimmers geholfen und das war sehr ungewöhnlich, denn solche Arbeiten lagen ihm gar nicht und er überließ sie sonst gerne anderen. Sie hatte sich gefreut, das war aber auch alles. Warum fällt es ihm so schwer, seine wahren Gefühle auszusprechen, es einfach zu versuchen? Beherrscht ihn die Angst, zurückgewiesen zu werden, so sehr, dass er lieber auf Klarheit verzichtet? Doch im Flur nahm er die Gelegenheit wahr. Sie wies ihn zurück, nicht schroff, aber direkt und deutlich. Zu häufig hatte er das schon gehört: Er sei sympathisch, ein netter Kumpel, aber mehr empfinde sie nicht für ihn.

Sie hatte damals eine Beziehung der Extreme. Sie liebten und sie schlugen sich. Ihr Freund, ein Student aus Südamerika, war sehr leidenschaftlich, in jeder Beziehung. Davon zu hören, machte ihn ärgerlich und neidisch zugleich: Er hätte sie niemals geschlagen, aber auch beim Lieben fehlte es ihm wohl an Temperament.

Längst ist die Kohlroulade auf seinem Teller. Während er mit den Kartoffeln die Sauce aufsaugt, muss er sich immer wieder auf Bärbels Worte konzentrieren. Sie spricht sehr leise, das war damals schon so. Seine damaligen Freunde hatten von Anfang an nicht verstanden, was er an Bärbel fand. Sie war sehr zurückhaltend, beteiligte sich kaum an Gesprächen, doch ihr Mund, ihr stilles Lächeln, zog ihn an. Heute versteht er seine damaligen Gefühle auch nicht mehr. Wie mag sie wohl mit ihrer leisen Stimme im Unterricht zurechtkommen?

Nach seiner Studienzeit hatte er sie noch einmal in Münster getroffen. Sie hatte eine Hand eingegipst, fühlte sich aber offensichtlich wohlauf. Sie hatte einen neuen Freund, das mit der Hand war wohl nur ein Unfall. Sie hatten sich aus Spaß gekebbelt und dabei sei es passiert.

Ob sie jetzt immer noch mit diesem Freund zusammen sei? Ja, wir sind jetzt verheiratet. Er ist ein Öko, liebevoll, treu. Auch sie hat sich verändert. Deshalb hatte er sie nicht erkannt. Auch damals war sie nicht dick, aber sie hatte eine Körperlichkeit, die ihr jetzt fehlt. Eigentlich sieht sie mager aus, denkt er. Einen erotischen Reiz, unterstrichen von ihrer roten Hose, die auf ihren roten Mund verwies, empfindet er heute nicht mehr. Eigentlich fehlt ihr alles, was ihn damals angezogen hatte. Die Zeit verändert alles, auch seinen eigenen Blick.

Den Nachtisch, Vanillepudding mit Schokoladenstreuseln, nimmt er sich noch einmal. Adressen oder Telefonnummern wird er mit ihr nicht austauschen. --- „Es war nett, dich getroffen zu haben, Klaus, vielleicht sehen wir uns ja noch mal wieder." - Mit vollem Mund nuschelt er eine unverständliche Antwort.

Was war das? Er hat sich mit seinem Kaffee abseits gesetzt. Was hatte er sich denn eigentlich erträumt? Eine Mitstudentin, der er sich ganz anvertrauen konnte, eine Frau, die sich ihm zuwandte, wie er sich ihr zuwenden konnte. - „Kommen Sie?", wird er gefragt, „der nächste Vortrag beginnt." Er aber bewegt sich nicht, er bleibt mit seinem noch lauwarmen Kaffee sitzen.

Die Nähe dieses anderen Menschen, das Gefühl der Wärme, in dem er sich zu Hause fühlen kann, der Hitze gemeinsamer Leidenschaft, die innige Berührung der Hände, die Distanz und Zweiheit auflöst. Schritt für Schritt bewegen sich Lippen aufeinander zu, sie ahnen die Berührung im Voraus, spüren den weichen Druck, sie spielen miteinander, vorsichtig, verträumt, dann leidenschaftlicher, fordernder. Und im Fluss der Bewegung und der Lust spielen jetzt auch jene Körperteile mit, die sonst unberührbar bleiben...

Der Vortrag hat längst angefangen, die Türen sind zu, im Foyer bleibt es ruhig. - Und das alles mit dieser Frau? In ihr kann er sein Verlangen von damals nicht mehr wiederfinden. Oder ist er einfach ungerecht, weil es so schmerzhaft war, abgewiesen zu werden? Dieser Besuch aus der Vergangenheit macht die Vergangenheit fragwürdig.

Er hat einmal gelesen, dass buddhistischen Mönchen, die erotisches Verlangen nach einer Frau empfinden, empfohlen wird, sie sollten sich diese Frau als Skelett vorstellen und erkennen, dass jede Schönheit vergänglich sei. Er muss grinsen, und dennoch bleibt ein Rest von Schmerz. Es reichen wohl schon wenige Jahre, um die eigenen Gefühle in Frage zu stellen.

Er holt sich seine Jacke. Für heute hat er genug --- an Fortbildung.

Auf den Hund gekommen

Schon blickte ich alle paar Minuten auf die Uhr. Um 12 Uhr wollte ich meine Pause einlegen, meine „Mittagspause", mit ein wenig Studentenfutter. Ich war nach dem Frühstück in Greifswald mit dem Fahrrad aufgebrochen, inzwischen war ich auf der Insel Usedom angekommen und bis zum Hotel waren es sicher noch mindestens zwei Stunden. Als meine Uhr die 12 anzeigte, wählte ich mir ein schattiges Plätzchen an einer kleinen Straße, einer Siedlung mit Einfamilienhäusern und kleinen Gärten davor. Ich stieg vom Rad und holte mir aus der Tasche, was ich für die Pause brauchte, da fing ein Hund auf dem Grundstück, vor dem ich stand, an zu bellen.

Ich weiß nicht mehr, was es für ein Hund war, ein großer oder kleiner, schwarz, grau oder – von mir aus – blau angemalt, es ist jetzt zehn Jahre her. Ich weiß nur eines: Der Hund war ganz Gekläff. Manchmal erlebt man in Fußgängerzonen Menschen, die ohne erkennbaren Grund herumschreien und damit nicht aufhören können, so war dieser Hund. Warum aber sollte ich mich von ihm in meiner Pause stören lassen? Ich erinnerte mich an Familien, die immer, auch wenn man sie besucht, den Fernseher laufen lassen. Ob man gemeinsam isst, ob man sich unterhält, immer läuft das Gedudel im Hintergrund. Das stört und gehört sich nicht, aber man kann es im Laufe der Zeit innerlich abschalten. Also machte ich weiter, was ich vorhatte: Wasser trinken, Nüsse essen, noch einmal trinken, Sonnencreme verteilen, mich noch einmal über den Weg orientieren, wieder trinken, weiterfahren, das war der Plan. Und der Hund hatte Kondition, er kläffte beständig.

Nach vielleicht fünf Minuten kam sein Besitzer aus dem Haus, beruhigte den Vierbeiner und fragte mich, was ich hier mache. Pause natürlich, das war ja auch deutlich zu sehen. Warum vor dem Grundstück? Ich erzählte dem Mann, auf welchem Wege ich war, dass es jetzt nach 12 sei und ich ein schattiges Plätzchen gesucht habe. Und ob ich nicht gehört hätte, dass sein Hund belle. Natürlich hatte ich das gehört und ich habe das als sehr unhöflich empfunden. Man bellt Wanderer nicht an, egal, ob sie zu Fuß oder mit dem Fahrrad unterwegs seien. Und ich habe gegessen, mich weder dem Hund noch dem Grundstück genähert. Der Hund habe sich vielmehr aggressiv verhalten. Behandele er Fremde immer so? Der Mann hätte ihn besser erziehen sollen.

Wozu haben Menschen einen Hund, überlegte ich: manche als Therapie gegen ihre Einsamkeit, manche als Spielkameraden für ihre Kinder, da sie weder die Zeit noch die Lust haben, sich selber um sie zu kümmern, manche auch zur Bewachung des eigenen Hauses. Aber wie lächerlich ist es, eine Burg zu verteidigen, die nicht angegriffen wird?

Ich riet dem Mann, sich einen anderen, leiseren, höflicheren Hund zu holen. Bekümmert sah er mich an. Dann müsse er sich auch neue Kinder besorgen, meinte er, die seien oft viel lauter als der Hund. Ich fuhr weiter. Der Mann tat mir leid.

Er tut mir bis heute leid.

Am Innenhafen

Licht und Schatten tanzen auf dem Wasser, Wind und Sonne treiben ihr ausgelassenes Spiel. Auch die Enten spielen mit, die Sonne weckt ihre Lebensgeister.

Er sitzt am Tisch und schaut aus dem Fenster. Sein Blick gleitet über die Wellen und er fühlt Unendlichkeit. Ist das nicht ein herrlicher Tag?

Bald wird sie da sein. Sie ist auf dem Wege, das stand in ihrer Nachricht. Auf der Fete hat er sie kennen gelernt. Der Tanz mit ihr – er hatte das Gefühl, es stimme alles. Er freut sich darauf, wieder in ihre großen, braunen Augen zu schauen, ihre Nähe zu spüren.

Lachende Kinder laufen am Fenster vorbei. Die Kellnerin raschelt mit dem Tablett. Nein, er erwarte noch jemanden.

Sie geht die Straße entlang. Weit ist es nicht mehr. Sie beschleunigt ihre Schritte. Tief über ihr Smartphone gebeugt, hört sie um sich nur noch ein fernes Rauschen. Da schreibt doch ihr... ONG! LATRN? SCHEI... zuckt es in ihr. Dann zuckt es nicht mehr.

Er sitzt am Tisch und blickt durch das Fenster. Der Rahmen ist schmutzig, die außen stehenden Tische noch etwas nass vom letzten Regen. In der Ferne hört er die Sirene eines Krankenwagens. Auf dem Gehweg sieht er Paare, Hand in Hand. Dahinter bewegt sich das Wasser im Wind.

Er schaut auf die Uhr – und bestellt ein Bier.

Gleichgewichtsverlust

Das Leiden der Männer fängt damit an, dass sie eine Frau lieben. (W. Genazino)

Rrrriing! Tasse hinstellen, Hemd in die Hose, schnell. Brigitte. Sie darf nicht denken, dass ich nicht bereit bin. Hallo, komm doch –

Ich weiß, du magst Wein. Schnell die Flasche in seine Hand legen, er steht ganz starr vor mir. Hat er noch nie eine Frau eingeladen?

Danke. Leg ab, nein, ich helfe dir, Moment, die Flasche –

Schon geschehen. Die Garderobe unaufgeräumt und dennoch fast leer. Wechselt er seine Kleidung nie? Und das Geschirr auf dem Tisch passt nicht zusammen. Führst du mich durch die Wohnung?

Fühl dich wie zu Hause. Meine Schwester hat schon zwei Kinder, und ich stehe hier und weiß nicht, wie - im archäologischen Arbeitskreis habe ich sie mit meinem Wissen beeindruckt. Hier siehst du meine Bücher, ich lese Gen –

Um diese Wohnung müsste sich mal jemand kümmern, Peter. Sicher hat er schon seit Jahrzehnten nicht mehr tapeziert. Seine Muskeln, seine Fitness, seine Vitalität. Der Mann könnte beeindrucken, aber der Schweiß seiner Übungen hängt überall.

Kann ich dir etwas anbieten? Ich habe Ku –

Darf ich in deinen Kleiderschrank –? Was ist denn das? Das ist Schrott, das muss alles weg. Hast du einen großen Abfallbeutel? Mein Gott, und so einer ist Lehrer.

Jetzt lass uns doch erst mal Kaffee trinken. Milch und Zucker? Unser archäologisches Projekt –

Morgen gehen wir gemeinsam und kaufen dir vernünftige Sachen. Ein Mann wie du sollte nicht so rumlaufen. Hm, der Kuchen schmeckt gut. Jemand muss die Sache für dich in die Hand nehmen.

Wenn sie nur nicht so attraktiv wäre. Und sie kann richtig einfühlsam und liebevoll sein. Du hast ja recht, ich lebe sehr einfach. Und meine alte Klei –

– muss weg. Ich stopfe jetzt alles hier rein und bringe es zum Container. Ich bin gleich wieder da.

Offenbar kann ich, trotz allem, immer noch wählen, wie ich in Zukunft leben will, schreibt Genazino am Ende seines Romans. Kann ich?

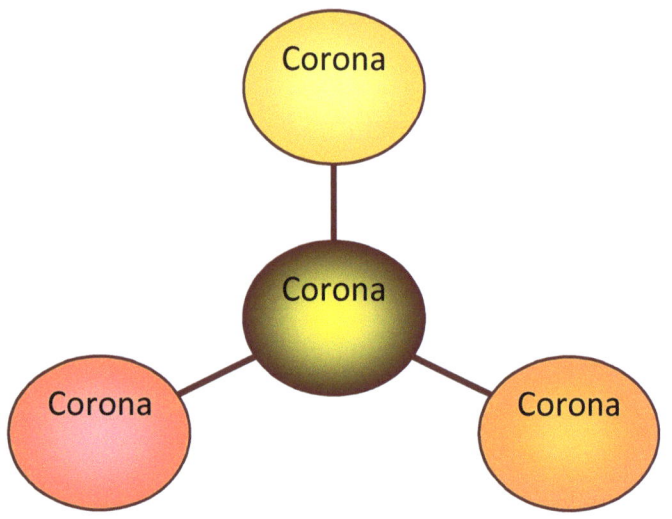

Größte Herausforderung

Ein Corona-Tagebuch

Corona gibt schulfrei, so die Schlagzeile einer Tageszeitung, Was die Schulminister nicht gewähren, was Schulleiter oder Lehrer nicht wagen, Corona tut es einfach. Ich stelle mir vor, wie die Schüler freudigen Schrittes nach Hause eilen, Tasche und Bücher in die Ecke pfeffern, sich über die verlängerten Ferien freuen. Vielleicht fährt aber auch ein besorgter Schatten über die strahlenden Gesichter. Was ist das eigentlich, Corona? Und ... was fange ich mit meiner Zeit eigentlich an? Möglicherweise muss sogar die geplante Urlaubsreise in den Ferien abgesagt werden. Und was ist, wenn nicht nur die Schule schließt? Ist Freizeit ohne Angebote und Programme noch frei?

Früher, als es noch Pest und Cholera gab, sah man das Elend auf den Straßen: Infizierte fielen um, Leichen blieben liegen. Jetzt hat man den Eindruck, alles fände nur in den Medien und in der Politik statt. Des Kaisers neue Kleider, alle reden darüber, aber niemand sieht sie. Die Fernsehbilder aus Italien bieten einen starken Kontrast zu dem erlebten Alltag.

Können diese Bilder lügen? Des Virus neue Kleider, das kann auch ein Hinweis auf das ständige Mutieren dieses Krankheitsträgers sein. Ich habe erlebt, wie jemand zum Geburtstag einen Karton Corona-Bier geschenkt bekam. Corona gegen Corona, auch eine Impfmöglichkeit. Ob sie schon ausreichend getestet ist?

Gestern freute ich mich darauf, ein thailändisches Rezept auszuprobieren. Als ich am Abend anfangen wollte zu kochen, merkte ich, dass ich das Hähnchenfleisch drei Stunden vorher hätte marinieren müssen. Ich musste das Essen verschieben. Als ich heute rechtzeitig das Fleisch vorbereiten wollte, fiel mir ein, dass es noch im Gefrierschrank lag. Ich muss noch einen Tag warten. Bisher war mir neu, dass sich Corona auch auf die Gehirnzellen auswirken kann, ich werde auf mich achten müssen.

Dan Patrick, der Vizegouverneur von Texas, forderte, die älteren Menschen müssten bereit sein, sich für die jungen zu opfern. Das erinnert mich an die Inuit, bei denen die Alten sich nackt auszogen und aufs Eis gingen, um den Angehörigen nicht zur Last zu fallen.

Aber für Patrick geht es um die Wirtschaft der Vereinigten Staaten. Profit ist wichtiger als Menschenleben, das ist die Botschaft. Im Elsass werden Patienten über 80 nicht mehr beatmet. Auch diese Praxis, Triage genannt, sondert Menschen nach ihrer Brauchbarkeit aus. Ich überlege: Bin ich erst oder schon 66? Bin ich es noch wert zu leben, habe ich mir diesen Wert sogar erworben?

Plop. Ich schalte meinen Fernsehapparat an, um meine Lieblingsserie zu sehen. Kurz leuchtet das Bild auf – dann nichts mehr. Ich versuche, neu zu starten, es geschieht nichts. Nun fahre ich meinen Laptop hoch. Die Sendung muss jetzt schon begonnen haben. Warum dauert das so lange? Endlich wird der Desktop sichtbar, dann plop – alles weg. Dabei war ich auf diese Folge so gespannt, weil die davor mit einem Cliffhanger endete. Wie kommen die aus der Gefahr heraus? Auch im Radio bekomme ich keinen Empfang. Ich setze mich, um ein Buch zu lesen, und schlage die Seite auf, auf der ich aufgehört hatte. Plötzlich lösen sich die Buchstaben von der Seite, kommen wie in einem 3D-Film auf mich zu, fliegen an mir vorbei und verschwinden im Raum. Nächste Seite dasselbe, dann wieder dasselbe. Ich nehme noch weitere Bücher in die Hand, gebe dann aber auf, weil ich fürchte, dass alle Bücher meiner Bibliothek plötzlich nur noch leere Seiten haben werden. Jetzt bleibt mir, mich mit mir selber zu beschäftigen. Schweißgebadet wache ich auf.

In jeder Krise steckt auch eine Chance. Das Problem solcher Lebensweisheiten ist, dass sie manchmal tatsächlich stimmen. Ob es aber immer gerechtfertigt ist, dieses Bild aus der Medizin, wo die Krise die Entscheidung zwischen Sterben und Weiterleben bedeutet, auf andere Bereiche zu übertragen, weiß ich nicht. In der Stadt machen alle Menschen einen großen Bogen umeinander. Ich frage mich, ob dieses Grundmisstrauen weiterwirken wird. Normalerweise erwarte ich von einem Menschen, der mir entge-genkommt, nichts Schlechtes. Aber könnte er nicht ein unbeabsichtigter Krankheitskeim sein? Manchmal weiche ich jemandem aus, und wir lächeln uns an, ein Hoffnungszeichen. Gestern kam ich an einem Bettler vorbei, ich lächelte nicht.

Da bewegt sich doch was. Ich musste genauer hinschauen, um zu erkennen, dass zwei Enten in meinem Teich schwimmen. Eine hat bunte, leuchtende Farben, die andere ist graubraun. Ob sich die Geschlechter ähnlich unterscheiden wie bei uns Menschen weiß ich nicht. Die Enten schwimmen einträchtig nebeneinander her oder schauen sich gegenseitig dabei zu, tauchen nach Nahrung, und lassen sich durch den menschlichen Betrachter nicht stören. Vielleicht habe ich bald kleine Entlein in meinem Teich. Neues Leben kündigt sich an – jedenfalls für Enten.

Klang der Leere

Spürte denn niemand, wie groß die Belastung des Lebens wurde, wenn alle, die es trugen, in ihren Häusern hockten. (W. Genazino)

Ein Zwicken in meiner Haut, als ob einzelne Punkte meines Gesichts durch kalte Reize angeregt würden. Ich spüre den Wind. Zugleich trifft mich die langsam steigende Sonne und berührt mich mit ihrer Wärme. Kälte und Wärme vermischen sich nicht in meinem Empfinden zu einer mittleren Temperatur, ich nehme sie getrennt und doch gleichzeitig wahr. Ich atme tief durch.

Mit meiner Bettwäsche und einer Hose bin ich am frühen Morgen auf dem Weg zur Reinigung. Das Unternehmen beliefert auch ein Krankenhaus und ist damit – wie man so sagt – systemrelevant. Da habe ich Glück gehabt.

Auf meinem Wege begegne ich niemandem. Anders als in der Fußgängerzone, in der immer noch ein paar Menschen unterwegs sind, ziehen sich leere Straßen vor meinem Blick, nur gelegentlich fahren Autos vorbei. Alles ist sonst wie immer, Zigarettenkippen,

Blütenpollen, auch Papier, aber ich muss weit schauen, um doch noch lebende Wesen zu erblicken. Die Straßen erscheinen länger und breiter als normal, als würden sie sich dehnen, froh darüber, endlich einmal in Ruhe gelassen zu werden. Ein Kamin aus glattem Stahl, von der Sonne getroffen, leuchtet auf. Vögel beleben die Szenerie mit ihrem Gesang, den ich in bester Qualität empfange.

Ein Plakat fordert mich dazu auf, zu Hause zu bleiben. Offenbar haben es die Leute, die ich auf meinem Weg vermisse, schon vor mir gesehen. Mein Blick bleibt an einem anderen Plakat hängen. Eine Fruchtsaft-Firma schreibt: Wir danken allen, die dieses Plakat nicht sehen. Ich fühle mich an den alten Spaß aus Kindertagen erinnert: Wer das liest, ist doof. Die Botschaft ist paradox, denn der Verfasser rechnet damit, dass es gelesen wird. Wer das Plakat nicht liest, weil er zu Hause geblieben ist, hat keinen Vorteil von den Dankesworten.

Schmunzeln muss ich, als ich auf meinem Rückweg lese: Auch in schwierigen Situationen das Lachen nicht vergessen. Ich erinnere mich an eine Karikatur, die ich heute Morgen in der Zeitung gesehen habe: Auf einem FKK-Strand laufen Männer und Frauen nur mit einem Mundschutz bekleidet herum, auch im Wasser.

Wieder zu Hause betrachte ich durch das Fenster eine Kinderzeichnung auf der anderen Straßenseite. Ein Mädchen hat mit farbiger Kreide ein Quadrat mit Dreiecken und Rechtecken ausgefüllt, die jeweils unterschiedlich bunt ausgemalt sind. Nebeneinander sind vier solcher Quadrate zu sehen, doch sind drei schon verblasst. Das vierte leuchtet, von der Sonne beschienen, hell und lebensfroh. Hatte das Mädchen nur Langeweile, oder soll das eine Botschaft an die Nachbarschaft sein, den Mut nicht zu verlieren?

Am Abend höre ich vom Garten her Bläsermusik. Eine Nachbarin aus dem Nebenhaus, Hornistin der Duisburger Philharmoniker, hatte schon einmal ein Konzert für die Nachbarschaft organisiert. Zusammen mit einem Trompeter steht sie nun auf der Dachterrasse des Hauses und spielt einige kurze Stücke, teils Klassik, teils Jazz, für zwei andere junge Frauen, die jeweils von ihren Balkonen aus zuhören. Ich spiele gerne den begeisterten Zaungast. So, wie die Situation improvisiert ist, so erscheint mir die Musik vorläufig, fast nur geprobt, aus der Freude heraus, einfach zu spielen und sich selber und den

Zuhörern eine Freude zu bereiten. Am Ende des Konzerts strahlt die Hornistin und winkt uns begeistert zu.

Im Garten des anderen Nachbargrundstückes hört eine ältere Frau zu. Sie verschafft sich Bewegung, indem sie ihren künstlichen Rasen immer wieder im Karree umschreitet. Ich fühle mich ein wenig an den Hofgang von Strafgefangenen erinnert.

Vom Balkon aus beobachte ich eine Elster, die in meinem Gartenteich planscht und einige nicht ganz so harmonische Schreie ausstößt. Die Musik der beiden Bläser wirkt bei mir noch nach und vermischt sich mit dem intensiven Geruch der Frühlingsblumen. Zeige mir den Ton einer Hand, lautet das berühmte Zen-Rätsel. Ich denke über den Ton ohne Hand nach, den Klang der Leere. Nur eine leere Schale kann gefüllt werden, das ist für mich die Erfahrung dieses Tages. Klang der Leere, Geruch der Leere, Geschmack der Leere ... Auch zum Kochen habe ich jetzt mehr Zeit. Morgen brate ich mir Lamm-Medaillons, eine Sinfonie der Sinne.

Ewiger Karneval

Ein Blick ins Jahr 2023

Haben Sie schon eine konkrete Vorstellung?

Zwei erwartungsvolle Augen richten sich auf mich und ziehen mich in ihren Bann, die etwas gedämpfte, aber sympathisch klingende Stimme will mich schmeichelnd zum Kauf verleiten.

Nein, ich lasse mich gerne von Ihnen beraten. Eigentlich war es Gabi, die mich entschiedener als sonst, ja ultimativ dazu aufgefordert hat, mir einen neuen Mundschutz zu kaufen, am besten gleich im Set. Man kann sich ja nicht mehr mit dir sehen lassen, meinte sie.

2020, da fing das alles an, und ich kaufte mir zwei Stück in der Apotheke, vorne blau, innen weiß, genug, um den Bestimmungen zu entsprechen und immer ein Exemplar zu haben, während das andere gerade trocknete. Begeistert war ich nicht davon, ich fühlte mich eingeengt und meine Brille beschlug ständig. Und wenn es nicht nötig war, nahm ich die Maske schnell wieder ab.

Aber das Virus, vor dem geschützt werden sollte, wurde zum Dauerzustand, und die Menschen, die zunächst verstört, fast hysterisch reagiert hatten, gewöhnten sich daran. Bald galt es als unfein, ohne Maske aufzutreten. Dennoch hielt ich an einem kleinen Zeichen des Protestes fest. Während die Moden sich entwickelten, während Mundschutz-Läden aus dem Boden wuchsen – ich trug immer noch meine ersten beiden Masken. Warum haben Frauen so wenig Verständnis für den Widerstandswillen des Mannes? Gabi warf mir, je nach Laune, Bequemlichkeit, Geiz oder Bosheit ihr gegenüber vor, nahm meine Einwände gar nicht zur Kenntnis und – – und nun bin ich hier.

Ich sehe Mundschutz in allen Farben und Variationen, mit dezenten und knalligen Mustern, mit den Emblemen von Fußballmannschaften und den Bildern von Filmstars, alles passend kombinierbar zu den Modefarben der Saison, zu Hosen, Pullovern und Sakkos, Masken und Krawatten aufeinander abgestimmt als „Twin-Sets".

Ich erinnere mich an meine Iran-Reise vor 30 Jahren. Ich schlenderte durch eine Einkaufsstraße, sozusagen die Königsallee von Teheran, und schaute mir die Schaufenster an. Ich sah Tschadors in allen Farben und Materialien, passend für den mittleren und dicken

Geldbeutel. Die iranische Frau, die etwas auf sich hielt, beachtete ihre Religion *und* ihr Aussehen. Auch verschleiert kann man sich herausputzen.

Mein Blick fällt auf eine Puppe, die im Geschäft ein besonderes Modell präsentiert. Daneben, im Spiegel, betrachte ich meinen Bauchansatz. Sehen Männer mit einem modischen Mundschutz wirklich schlanker und muskulöser aus?

Die Verkäuferin bemerkt meine Verwirrung und versucht mir zu helfen, indem sie mich mit Informationen zu Herstellung, Qualität und modischen Raffinessen des Mundschutzes füttert. Ich betrachte das Gesicht der Blondine. Auf der Stirn sind leichte Unreinheiten der Haut zu erkennen, darunter geschminkte, lebendige Augen. Wenn Teile des Gesichts wegfallen, sieht man den Rest intensiver, denke ich. Ob sich die Unreinheit darunter fortsetzt? In meinen Gedanken zeichne ich die fehlenden Gesichtspartien nach. Was bedeckt ist, erweckt immer auch Erwartung. Nase, Mund …, diese Frau scheint sehr hübsch zu sein.

Es ist erst einige Jahre her, dass es – z.B. bei Demonstrationen – ein Vermummungsverbot gegeben hat. Inzwischen hat man sich daran gewöhnt, Menschen nur an ihren Augen zu erkennen.

Zeigen Sie mir doch einen Mundschutz, der zu meinen Augen passt, sage ich. Die Verkäuferin ist erleichtert, dass ich endlich einen konkreten Wunsch äußere. Sie zeigt mir mehrere Modelle und gibt mir einen Handspiegel. Ich kaufe drei Masken, sie werden Gabi gefallen.

Vor drei Jahren begann alles mit einer Karnevalsfeier. Menschen verkleiden sich, nehmen eine neue Identität an, verschleiern ihre alte, zeigen, welche Eigenschaften noch in ihnen schlummern, die sonst nicht zum Ausdruck kommen. Jetzt ist immer Karneval, denke ich und überlege, was mir eigentlich nicht daran passt.

Corona (ein Haiku)

Zu Hause ein Film:
Sie umarmt ihn voll
Freude.
Vor Schreck werd' ich
bleich.

Ein Problem

Erstmals hatten die Kneipen wieder geöffnet. Kurzer, Bierchen, Kurzer, Bierchen... Es war viel aufzuholen. Und ich nahm meine Aufgabe ernst.

Nach dem dritten Bier flatterte mein Blick zur Seite. Wahrscheinlich saß sie schon länger da. Sie hielt sich an Mineralwasser fest. Nach dem vierten Bier fiel mir ihr bekümmertes Gesicht auf. Ich sprach sie an, und sie erzählte:

„Letzten Herbst kam ich beim Einkauf an einer Demonstration vorbei. Ich war gerade im sechsten Monat schwanger, der Typ hatte mich verlassen, weil er meine Schwellung nicht ertrug. Und Verantwortung wollte er auch nicht übernehmen. Ich komm da also vorbei und – merkwürdig – sie demonstrierten gegen die Schließung von Gaststätten. *Menschenrecht auf einen Bierbauch* stand auf den Plakaten und *Mein Bauch gehört mir*. Ich sah einen Mann, der hatte auf seinem T-Shirt einen Kreis um seinen Bauch gemacht, sodass meine Aufmerksamkeit sofort auf seinen vorragenden Hügel fiel. Gleichzeitig fiel sein Blick auf mich, auf meinen sechsten Monat, es war fast schon der siebte. Irgendwie sahen wir gleich aus.

Die Gesichter waren ja verdeckt, deshalb sahen wir die Ähnlichkeit sofort. Wie vom Blitz waren wir getroffen. Wir kamen ins Gespräch, trafen uns immer häufiger, liebten uns leidenschaftlich. Er vergaß seine Lieblingskneipe und trank zu Hause, und auch mein Bauch wuchs und wuchs.

Jetzt habe ich die Geburt hinter mir, und ich sehe ihn seltener. Ich fürchte, dass er meinen Körper so nicht lieben kann, denn wir gleichen uns nicht mehr. Es war so schön, ich habe Angst, ihn zu verlieren."

„Hm", machte ich, ich bestellte gerade meine fünfte Runde, „schnall dir doch das Kleine um den Bauch. Das funktioniert bei den Kängurus auch."

Erstaunt sah sie mich an, ihre feuchten Augen glänzten. Ein gestammeltes Dankeschön und sie verließ schnellen Schrittes das Lokal, ohne den Kurzen angerührt zu haben, den ich ihr bestellt hatte.

Als ich, leicht schwankend, zur Toilette ging, dachte ich: Diese Lösung ist auch nicht das Gelbe vom Ei, jedenfalls nicht auf Dauer. Aber eine erneute Schwangerschaft?

Das wird bleiben…

„Siehst du, was ich meine?" Paul schrie, um sich verständlich zu machen. Er hatte mich fast zwingen müssen, in dieses Ungetüm einzusteigen, den Helikopter mit seinem nervtötenden Knattern, das – trotz der Kopfhörer – nicht nur die Ohren überwältigt, sondern den ganzen Körper. Beben und Rütteln erlebte ich wie die Fortsetzung der akustischen Pein. Er wolle mir unbedingt etwas zeigen, hatte Paul gesagt. Irgendwie hatte er mich rumgekriegt, und jetzt saß ich neben ihm mit Maske und unter Einhaltung aller notwendigen Hygienemaßnahmen.

„Siehst du es?" Wir flogen an einem sonnigen Tag über die Regattabahn und beobachteten die Spaziergänger, die unterwegs waren, um Luft zu schöpfen und sich die Beine zu vertreten. Von hier oben erschienen diese Menschen wie die kleinen Figuren eines Computerspiels. Sie bewegten sich auf einer Linie, bis sie einander begegneten. Dann vollzog jede dieser Figuren einen Halbkreis von der anderen weg. Selten komplettierten sich die beiden Gebilde zu einem vollständigen Kreis, denn sie wurden nicht gleichzeitig ausgeführt und hatten meist auch nicht dieselbe Größe. Und so bildeten sich, während ich den Spazierweg betrachtete, immer wieder Halbkreise und verschwanden wieder, um an einer neuen Stelle erneut aufzutauchen, ein zyklisches Ballett. Und obwohl ich voraussehen konnte, wann wieder eine Form entstand, überraschte mich das sich verändernde Bild stets von Neuem. Ich dachte: Wenn Kandinsky das gesehen hätte. Und die Vielfalt der Formsprache nahm mich so in ihren Bann, dass ich das schreckliche Rütteln fast vergaß.

Dennoch war ich froh, als wir uns nach dem Flug in Ruhe unterhalten konnten. „Das ist es", sagte Paul, „das wird bleiben. Die Leute haben Angst voreinander."

„Aber Corona ist doch bald vorbei", sagte ich, „verliert jedenfalls seine Gefährlichkeit, wenn die Herdenimmunität erreicht ist. Dann werden sich alle wieder normal verhalten."

„Was heißt denn hier schon normal? Diese Zeit geht nicht spurlos an den Menschen vorbei. Jeder braucht seinen eigenen Raum, seine intime Zone, in die andere nicht eindringen dürfen. Diese Zone hat sich jetzt erweitert. Wir wussten schon immer, dass Menschen einander anstecken können. Meistens spielte das für uns keine Rolle. Doch jetzt sehen wir in unseren Mitmenschen eine Gefahr. Da ist ein Grundmisstrauen, das wird bleiben."

Nachdenklich nickte ich nur. Mein Blick schweifte aus dem Fenster, wo nichts zu sehen war.

Am Abend begann ich plötzlich zu husten. Es wird doch nicht...?

Im Innern des Wirklichen

Schattenexistenz

„Alles, was einen erschreckt, weil man allein ist, also,
genau das müssen wir suchen."
  (Clarice Lispector)

Hatte ihn jemand gefesselt? Marc versuchte sich
aufzurichten, sich zu orientieren. Nichts bewegte sich,
fast nichts. Er hätte an seinen Fesseln gezerrt. Immer
hatte er sich gewehrt, wenn es darauf ankam. Und er
ist es gewohnt, sich durchzusetzen. Aber da war
nichts, wogegen er Widerstand leisten könnte. Er
spürte seine Hände und Füße nicht mehr. War er
überhaupt da, gab es ihn noch? Aber ja, er dachte,
etwas verworren zwar, doch er dachte. Ein Bild stand
ihm vor Augen: Sein Kopf, abgeschnitten und wie
weggeworfen, liegt einfach und nutzlos wie auf einer
Müllhalde. Doch nein, seinen Atem spürte er auch und
ein klebriges Shirt. Der Brustkorb ist also noch da.
Und wo der Rest? Und wo befindet er sich eigentlich?
Dunkel, unüberwindliches Dunkel, das ihn zu
ersticken drohte, sobald er es wahrnahm. Er wusste,
auch in der Nacht kann man sich an die Dunkelheit
gewöhnen. Es ist erstaunlich, wie viel da noch zu

sehen ist. Schatten, aber manchmal leuchtet einem ein Gegenstand geradezu entgegen. Schatten, Konturen? Nichts bewegte sich auf ihn zu, schenkte ihm einen Hinweis. Als wenn der Raum gar nicht existierte, in dem er lag. Raum? Ja, es musste ein Raum sein, denn außer dem rhythmischen Pochen in seinem Innern hörte er nichts, auch keine Geräusche von außen. Bewegungslos war er in ein Nichts geworfen, und innerlich vermeinte er einen Sog zu spüren, der ihn weiter fallen ließ. Seine Haut fühlte aber keinen Windhauch, keine Bewegung.

Wer hatte ihm das angetan? Waren da nicht weißgekleidete Männer gewesen, die sich über ihn gebeugt hatten? Oder hatte er das nur geträumt? Alles erschien ihm wie ein Alptraum, doch instinktiv wusste er, dass der nicht enden würde. Er bräuchte einen Orientierungspunkt. Doch wo sollte er den finden?

Heute Morgen saß er noch mit Rosi am Küchentisch. Oder war das gestern? Auch die Zeit verschwamm in seiner Erinnerung. Wie ihm diese Frau auf die Nerven ging. Er hatte es ihr deutlich zu verstehen gegeben, dass er sie endgültig satt habe. Sie hatte gebettelt und geklammert, er war gegangen. Wie jeden Tag musste er zur Arbeit. Die Zeitungsfrau hatte er angelächelt, den Portier angeknurrt. Der Kaffee war zu wässrig – wie jeden Tag. Aber was war dann?

Immer deutlicher wurde ihm bewusst, dass niemand da war. Er war allein. Und erst hohl und belegt, dann immer kräftiger, den schalltoten Raum füllend löste sich aus seinem Mund ein – SCHREI!!!

Begegnung

„Was zum Teufel muss ich auch so sein wollen wie ich." (Clarice Lispector)

Was glotzt der nur so blöd! Da hat der Kerl sich vor ihm aufgebaut, drei Meter entfernt, mitten auf dem Platz. Eigentlich ein unscheinbarer Typ, Shirt, Jeans, Sportschuhe, durchschnittlich eben. Nur seine Augen! Glotzen ist nicht der richtige Ausdruck. Stieren? Auch nicht. Dieser Blick dringt in ihn ein, zieht ihn aus. Ja, so kommt es ihm vor. Und er bannt ihn, macht ihn willenlos. Er möchte sich ja von diesen Augen lösen, wegschauen, weggehen, vergessen, aber es überwältigt ihn. Bewegungslos, wie eingefroren, steht er da. Und auch sein lauter Schrei um Hilfe bleibt irgendwo stecken, ohne zu einem Laut zu werden.

Der passt, denkt der Andere. Ich sehe es ihm direkt an, Anzug, Krawatte, feine Kleidung eben. Der hat was auf dem Kasten, verdient gut. Und ich habe beobachtet, wie zielsicher er seinen Weg nahm. Der weiß, was er will. So wie der möchte ich sein.

Und er macht sich daran, ihn mit seinem Blick auszuwringen, aufzusaugen. Was auf diesem Platz noch geschieht, wer alles um sie beide hastet, welche Wortfetzen fliegen, hat er längst für sich ausgeschaltet, er ist nur auf dieses eine Ziel fokussiert, möglichst viel von ihm in sich aufzunehmen. Und er wringt entschieden, denn da kommt noch etwas und noch etwas.

Unter den Blicken des Anderen spürt er den mächtigen Sog, der ihn immer schwächer werden lässt. Was will der nur? Er denkt an seine Ex, die sich vor Jahren von ihm getrennt hat, seine Kinder, die er nie zu Gesicht bekommt, seinen ungeliebten Beruf, der ihn krank und kränker macht, auch wenn man ihm das noch nicht ansieht. Er denkt an die Zweifel, die ihn immer wieder überkommen, was er mit seinem Leben angefangen hat. Lohnt sich der Aufwand, sich zu wehren? Was will der Andere nur von ihm? Und mit dem Verglimmen seiner letzten Kräfte bildet sich in seinem Innern ein Keim von Schadenfreude. Selber schuld!

Todesbeschimpfung

Ich sauge gerade Staub, da klingelt es an der Tür. Fast hätte ich es nicht gehört, unwillig stelle ich das Gerät ab. Muss denn immer, wenn ich …?

Vor der Tür steht ein Gerippe, eine Sense in der Hand. Willst du etwas Süßes, frage ich. Ich weiß im Moment nicht, wo… Halloween ist doch erst Samstag. Da schau ich mir das Gerippe genauer an. Es ist überhaupt kein Kind. Und ich sehe kein Kostüm, es ist wirklich ein Gerippe. Ich werde sauer: Jetzt willst du auch noch absahnen. Ich habe gerade gestern so einen Vertreter weggeschickt. Zeitschriften wollte der verkaufen. Als wenn ich lesen würde, dafür habe ich gar keine Zeit. Jedenfalls wenig. So ein Typ wie du kommt mir nicht hier rein. Unsere Wohnung ist ein geschützter Raum, sagt mein Mann immer. Er kann sich so gewählt ausdrücken.

Du fletschst die Zähne und winkst mit deiner Sense? Bei uns sind alle gesund, da hast du nichts zu tun. Geh doch, wo Krieg ist, oder in die Altenheime. Arbeitslos wirst du bestimmt nicht, auch wenn ich es dir gönnen würde. Schau mich ruhig missmutig an, ich werde uralt. Pech gehabt, wa? Gleich versperre ich die Tür und du stehst draußen.

Angst vor dir? Wenn Trump vor der Türstehen würde, der echte natürlich, da hätte ich Angst. Ich weiß nie, was der vorhat, er wahrscheinlich auch nicht. Was fehlt, ist ein Plan. Ein Unternehmen wie deines, besser organisiert, würde methodisch vorgehen, würde erst die Alten abschöpfen. Eines nach dem anderen, ganz systematisch. Karteikarten hätten dir geholfen, den Überblick zu behalten, aber da warst du wohl zu geizig. Heute machen das die Firmen „digital", wie es jetzt heißt. Da geht der Überblick ruckzuck. Schau auf den Sperrmüll, die werfen ihre alten Computer weg. Da kannst du sicher einen abstauben. Jetzt sieh mich nicht so traurig an. Du kannst noch was aus dir machen, wenn du nicht so abgewrackt altmodisch wärst. Selbst die Kinder spielen dich besser, irgendwie überzeugender. Die Kleinen glauben noch an dich. Hätten die dich gesehen, würden sie lieber Indianer oder Piraten spielen. Ich falle auf dich nicht rein. Ich sterbe nicht, jedenfalls nicht so schnell. Natürlich lese ich Sterbeanzeigen, und manchmal gehe ich zu Beerdigungen, aber das sind doch immer nur die anderen. Versuch es doch mal bei Schröders über uns.

Mit aller Kraft werfe ich die Tür zu. Soll der doch sehen, wo er bleibt. Fast tut er mir leid.

Was war? Ah ja, staubsaugen. Ich gehe ins Wohnzimmer. Auf der Couch sitzt der Tod. Er grinst.

Des Pudels Kern

Sie hatten ihn vergessen. Übersehen. Alleingelassen. Winselnd läuft er in der großen Wohnung hin und her. Er weiß nicht, wohin. Und Hunger hat er auch.

Dabei hatte er sich gerade an seinen neuen Herrn gewöhnt. Vor drei Wochen war dieser in die Zoohandlung gekommen, war einmal längs durch den großen Raum geschritten, dann wieder umgekehrt und vor seinem Käfig stehen geblieben. Fast schüchtern hatte er ihn angesehen, dann aber mit einer energischen Geste auf ihn gezeigt und hatte ihn mitgenommen. Etwas tollpatschig, aber froh, sich bewegen zu können, trabte der junge Pudel hinter ihm her.

Sein Herr war offensichtlich ein angesehener Mann, lief häufig mit einem weißen Kittel herum, empfing andere Menschen, die ihn oft froh wieder verließen, hantierte aber auch mit Gläsern unterschiedlicher Form, in denen er Flüssigkeiten mischte, erhitzte und genau untersuchte. Auch wenn er dann seinen Hund, den er Small rief, für einige Zeit vergaß, kümmerte er sich im Grunde rührend um ihn.

Doch manchmal fuhr ein derartiger Schrecken in die Glieder der kleinen Kreatur, dass er sich heulend in eine Ecke verzog. Sein Herr veränderte sich. Er verlor völlig seine Form, wurde kleiner, dunkler und schien irgendwie ein Anderer zu sein. Auch seine Miene verfinsterte sich, und er verließ dann schnell das Haus und eilte die Straße entlang. Seinen Hund nahm er nicht mit, und der war froh darüber.

So ging das über Tage, mal war sein Herr er, und mal war er ein anderer. Und eines Tages lag er bewegungslos in einer Blutlache. Menschen kamen und gingen, machten viel Lärm, untersuchten, schafften den toten Körper weg, interessierten sich nicht für den kleinen Hund und ließen ihn allein.

Ich muss noch etwas Rouge auflegen, und der Lippenstift ist auch nicht der richtige, denkt Erika, die sich im Spiegel betrachtet. Ihre Freundin Anne hat sie und andere aus ihrer Clique zu einer Geburtstagsfeier im Bistro am Markt eingeladen. Erika möchte nicht, dass man ihr ansieht, wie müde sie noch von der Arbeit ist.

Allmählich überwältigte der Hunger den Pudel so sehr, dass er seine Einsamkeit fast schon vergaß. Er irrte suchend in der Wohnung herum, blickte bittend und treuherzig nach oben und wedelte mit dem Schwanz, als ob ihn jemand sehen könnte. Dabei tappte er in dem Raum, in dem früher die Gläser waren, in eine Pfütze. Voll verzweifelter Hoffnung, überhaupt noch etwas Genießbares zu finden, schnupperte er an der Flüssigkeit. Eigentlich roch sie ganz gut. Gierig leckte er die ganze Pfütze auf.

Etwas bewegte ihn plötzlich in seinem Innern. Als ob er nur noch aus Gummi bestünde, zog es ihn in alle Richtungen. Und so beulte sich der kleine Körper aus, zog sich wieder zusammen und wurde wieder an einer anderen Stelle gezogen. Und so immer in Bewegung, dabei so erschrocken, dass er seine eigentlich unerträglichen Schmerzen nur halb wahrnahm, wuchs er, nahm die Gestalt einer großen, grauen Katze an, sein Winseln ging über in ein verzweifeltes Miau, aus dem aber dann ein gewaltiges Fauchen hervorbrach, während seine Farbe sich in ein tiefes Schwarz wandelte. Er sprang mit aller Kraft gegen eines der Fenster, das splitterte, und ein großes, pechschwarzes Ungeheuer mit spitzen

Zähnen landete auf der Straße und sprang in schnellem Lauf weiter, indem es seinen gewaltigen Körper in die Länge streckte.

Und es hat immer noch gewaltigen Hunger. Eine Frau, die das Tier sieht, rennt kreischend davon, aber nicht schnell genug, die Bestie springt sie an, drückt die Wehrlose zu Boden, es knacken die Knochen, das Fleisch wird auseinandergerissen, voll rasender Gier werden die Teile verschlungen, voller Behagen das Blut aufgeleckt.

Ausgerechnet heute sind die Straßenlaternen auf meinem Weg ausgefallen, denkt Erika, die sich schon auf die Feier und ihre Freundinnen freut. Aber ich kenne den Weg ja, und Angst hatte ich noch nie. Der schwache Lichtschein wirft Schattenfiguren auf die Häuserwände. Es fröstelt sie.

Aufgeputscht durch das rohe Fleisch und das noch warme Blut bleibt auch der Körper des Untiers nicht in seiner Form. Wieder zieht und drückt es in seinem Innern, als würde ein eingebauter Mechanismus die passende Gestalt suchen, und das Wesen wandelt sich zum grausamsten Raubtier der Erde, dem

Menschen. Geduckt, schnell und verschlagen wie die Raubkatze, aber immer darauf bedacht, sich neue Qualen für seine Opfer auszudenken, mit dem Ziel zu töten, um des Tötens willen, wartet er im Schatten jener dunklen Gassen der Altstadt, nur wenig entfernt vom Marktplatz, und richtet ein Blutbad an. Ein Mord motiviert den nächsten, ohne Grund, ohne Form, ohne Ziel.

Scheiße, jetzt habe ich doch die Blumen vergessen. Ich mache mir Gedanken über mein Gesicht und vergesse die Blumen. Scheiße. Erika kehrt um. Sie wird wohl ein Taxi nehmen müssen, um noch rechtzeitig zu kommen.

Fast brach der Tag schon an, als sich der Mörder plötzlich schwächer fühlte. Die Wirkung der Flüssigkeit ließ nach. Mühsam schleppte er sich, schon wieder in eine Katze verwandelt, zum Haus seines ehemaligen Herrn. Vielleicht findet er dort ja doch noch etwas von dem Trank, das Gefühl von Macht und Gewalt, er möchte mehr davon. Mit letzter Kraft sprang er durch das zersplitterte Fenster, und als Pudel fand er sich in der Wohnung wieder. Von der Flüssigkeit keine Spur mehr, zu gründlich hatte er sie aufgeleckt.

Durch das offene Fenster wurde sein Bellen jetzt gehört. Menschen kamen und holten ihn aus der Wohnung heraus.

Erika, die Verkäuferin der Zoohandlung, erkennt den kleinen Hund sofort wieder. Ich habe den Pudel vor wenigen Wochen an einen sehr netten und adretten Herrn verkauft. Er ist tot? Schade, so ein niedliches Tier und so viel Pech.

Small wedelt mit dem Schwanz und ist froh, dass sich wieder jemand um ihn kümmert. Was geschehen ist, hat er vergessen. Nur manchmal kommt ihm ein leises Miau über die Lippen.

Corona mordet Tom nicht

Maßloses Erstaunen spiegelte sich in Toms Augen, verständnislos stierte er ihn an. Langsam rutschte sein schwerer Körper die Wand und den Spülkasten herab. Quer auf der Klobrille sitzend, stauchte er sich immer mehr zusammen. Aus der Wunde am Hals quoll in kurzen Intervallen Blut hervor, das lange Bahnen und Muster auf Sakko, Hemd und Hose zeichnete, wie bei einem Happening-Künstler, der sich mit roter Farbe bespritzt. Die Lache breitete sich immer mehr aus. Während sein Körper langsam steifer wurde, verfestigte sich der Ausdruck des Gesichts: Erstaunen, nicht Erschrecken.

Während er Toms Todeskampf beobachtete, trat er einige Schritte zurück, um seine Kleidung nicht zu sehr zu versauen. Dann ging er in die andere Kabine, ließ Wasser über sein Messer laufen, wischte es ab und steckte es ein.

Kopfschmerzen, entsetzliche Kopfschmerzen. Warum muss ich nur immer so versumpfen, warum kann ich nicht nach ein, zwei Gläsern gehen? Ich müsste endlich ins Bett. Aber dann sind auch die Ideen futsch. Jetzt fließt es aus mir heraus. Endlich! Ich brauche diese Geschichte, sonst bin ich weg vom Fenster. Dabei trommeln Spitzhacken in meinem Kopf. Aber ich wollte mich heute sowieso untersuchen lassen.

Leicht taumelnd verließ er den Club. Niemand hatte ihn gesehen, glaubte er jedenfalls. Ganz sicher war er sich nicht. Tröpfchenweise verließ ihn die innere Coolness. War es Befriedigung? War es Entsetzen? Etwas spannte ihn innerlich an, machte ihn lebendig. Völlig erledigt war er und zugleich fühlte er sich hellwach. Und er wusste, er hatte es tatsächlich getan.

Mein Verleger wird Augen machen. Langweilig seien meine Texte, es fehlten ihnen jegliche Authentizität. Ich habe es selbst schon geglaubt. Die Ideen waren versickert, schienen vor mir zu fliehen, wenn ich sie herbeizwingen wollte. Doch das hier wird einschlagen wie eine Bombe. Er wird Augen machen…

Er hatte Tom vorher noch nie gesehen. Es lief, wie es eben so läuft: Sie kamen ins Gespräch, gaben sich gegenseitig Getränke aus, schwoften miteinander und redeten und tranken… Er war seit langem zum ersten Mal hier und verhielt sich sehr vorsichtig. Corona verbot immer noch eine zu große Intimität. Doch Tom wischte alle Bedenken weg: Das müsse jetzt unter uns bleiben. Er habe eine Beziehung zu einem Mitarbeiter von Biontech. Er sei schon geimpft worden, ganz heimlich. Ihm könne nichts mehr passieren, er sei jetzt unsterblich.

Dann mache es ihm sicher nichts aus, wenn sie die Zeit nutzten. Und er zog Tom lächelnd in Richtung Toilette. Als dieser an seiner Hose nestelte, fuhr ihm das Messer zielsicher in die Schlagader. Keine Ahnung, was er dabei dachte, es ging ja so schnell. Aber das Gesicht…

Wann habe ich eigentlich den Termin beim Arzt? Vielleicht kann ich noch vorher zum Verleger? Und wo habe ich nur die Überweisung? Wo habe ich…? Sie war doch gestern noch da, ich hatte sie… Ich werde sie doch nicht...

Unruhe im Treppenhaus, es schellt. „Machen Sie auf, Herr Selke, hier ist die Polizei!"

Kofferparabel

Das Lesen fördert … die Möglichkeit, in der Parallelwelt des Buches Prüfungen zu bestehen, die man auch in der wirklichen Welt fürchtet.
(Susanne Gaschke)

Nie war er in den Urlaub gefahren, ohne eine Reihe Bücher mitzunehmen. Während er an Kleidungsstücken sparte – Shirt und Hose reichen doch -, stopfte er an Büchern in den Koffer, was er tragen konnte. Wenn er dann eine Stadt besichtigte, nutzte er jede freie Minute, beim Essen, beim Fahren mit öffentlichen Verkehrsmitteln, in Pausen, am Abend, wenn er sein Programm erledigt hatte, um in ihnen zu lesen. Meistens nahm er Bücher mit, die er noch nicht kannte. Er prüfte sie, freute sich, seinen Horizont zu erweitern und manchmal fand er Bezüge zwischen dem, was er in dieser Stadt sah, und dem, was er las.

Dann kam die schwere Zeit des Zwangs und der Beeinflussung. Alle erachteten sich als gleich, auch wenn sie es nicht waren, und wenn jemand aus der Masse herausragte, sorgte man dafür, dass er nicht mehr ragen konnte. Das alles hatte er lange vorausgesehen und kommentiert, doch er fühlte sich machtlos, etwas dagegen zu unternehmen. Jetzt ahnte er, dass auch er auf ihrer Liste stand; die Gesichter seiner Mitmenschen nahmen immer mehr den Ausdruck mitfühlender Zurückhaltung an. Vielleicht war es ja noch nicht zu spät zu gehen. Er kaufte sich eine Fahrkarte und plante, seine Heimat zu verlassen.

Sein Blick schweift durch seine Wohnung. Soll ich alles, was mein Leben ausmacht, aufgeben? Was bin ich ohne das, was mein Leben bisher begleitet hat? Was nehme ich mit: Dokumente, Geld natürlich, wenig Kleidung, man kann sie ja nachkaufen, ebenso wie Zahnbürste oder Kamm, und dann: Bücher. Aber welche? Er hat ja nur dieses eine Mal, und er ahnt, dass ihm die unvertraute, nur flüchtig gelernte Sprache des fremden Landes emotionale Sättigung verweigern wird. Seine Bibliothek passt nicht in den Koffer, und doch will er so viel wie möglich in ihn hineinstopfen.

Natürlich seine eigenen Bücher. Für sie hat er sich verausgabt, in ihnen steckt sein Herzblut. Aber was dann? Appelle an die Menschlichkeit (*nicht mitzu-*

hassen, mitzulieben), Lebensexperimente (*Werd ich zum Augenblicke sagen*), Ausdrucksweisen politischer Kritik (*Geben Sie Gedankenfreiheit*), Aufforderungen zu Toleranz und Anerkennung des anderen (*machen ließ, damit sie nicht zu unterscheiden wären*), Aufforderungen selbst zu denken und zu handeln (*such dir selbst den Schluss*)? Oder will er seine eigene Situation widerspiegeln (*hatte einst ein schönes Vaterland*)? Oder vielleicht Texte, die das innere Empfinden treffen (*balde ruhest du auch*), die Ausdruck menschlicher Sehnsucht sind (*wo die Zitronen blühn*) oder einfach mit Sprache spielen (*ich liebe Dir! Du Deiner; Dich dir*) Und natürlich noch die Bibel.

Und so legt er Bücher in den Koffer, entfernt sie wieder, ersetzt sie durch andere, und wieder raus und wieder rein und weiß nicht weiter. Was alles ist nur so wichtig, dass er darauf nicht verzichten kann?

Am Ende hat er sich – unter großen inneren Schmerzen – entschieden, den Koffer unter Mühen geschlossen, mit noch mehr Mühen zum Bahnhof gebracht und sitzt nun im Zug Richtung Grenze. Da er noch einige Stunden Fahrt vor sich und sich verausgabt hat, schlummert er ein wenig.

 Als der Zug kurz vor der Grenze hält, schreckt er auf. Obwohl noch verschlafen, registriert er, dass etwas nicht in Ordnung ist. Er hört Bauarbeiten, schaut aus dem Fenster und sieht, trotz der einbrechenden Dämmerung, dass an Grenzbefestigungen gebaut wird. Männer in Uniform und mit Schusswaffen in den Händen kommen auf den Zug zu, um zu kontrollieren. Also doch zu spät, denkt er, und für einen Moment wird ihm schwarz vor Augen. Er muss sich noch einmal setzen. Aber jetzt fahre ich nicht mehr zurück, entscheidet er, und zugleich krampft sich seine Angst im Magen zusammen.

Mit Mühe wuchtet er seinen Koffer aus dem Zug, die Grenzposten sind noch nicht da, noch bleibt er unbemerkt. Er schleppt seine Last, die ihm jetzt noch schwerer erscheint, zweihundert Meter zur Seite, da wird noch nicht gebaut. Ein Scheinwerfer mit blen-dendem Licht wandert die Grenzlinie entlang. Er versucht, die jeweils dunklen Phasen zu nutzen, sich vor dem lauernden Licht zu verbergen. Da hört er Rufe, hoffentlich meinen die nicht mich. Nein, nicht ihn. Und dennoch fühlt er sich gehetzt. Was, wenn jetzt doch noch alles schiefläuft. Überstürzt hastet er weiter, als es wieder dunkel wird, er stolpert, der Koffer fällt zu Boden, geht auf, ein Teil der Bücher rutscht in einen Graben und er hat nicht die Zeit, sie einzusammeln. Panisch lässt er alles liegen und läuft, jetzt wie befreit und schneller, auf die Grenze zu, auf die andere Seite. Er hört Rufe, jetzt gelten sie ihm, aber es ist zu spät, er ist drüben.

Das nackte Leben habe ich gerettet, so sagt man doch. Ist das nicht die Hauptsache? Warum fühlt es sich nicht so an? Bin ich noch ich, ohne meine Vergangenheit in meine Zukunft gerettet zu haben?
Nur langsam geht ihm auf, dass er das alles schon lange besitzt. Und niemand könne es ihm nehmen. Ein Leben im fremden Land? Auf dieses Wagnis wird er sich nun einlassen.